Impressum
Verlag: BABADADA GmbH, Nedderfeld 112 , 22529 Hamburg
Geschäftsführer / Verlagsleitung: Harald Hof
Druck: Books on Demand GmbH, In de Tarpen 42, 22848 Norderstedt

Imprint
Publisher: BABADADA GmbH, Nedderfeld 112 , 22529 Hamburg, Germany
Managing Director / Publishing direction: Harald Hof
Print: Books on Demand GmbH, In de Tarpen 42, 22848 Norderstedt

1

school
escola

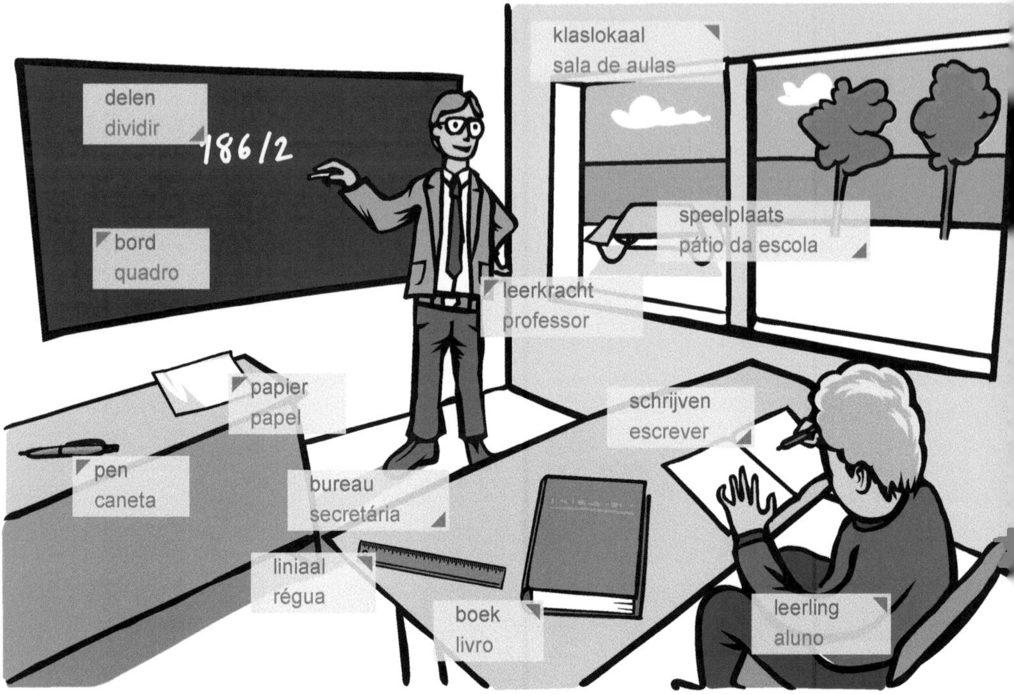
klaslokaal
sala de aulas
delen
dividir
186/2
bord
quadro
speelplaats
pátio da escola
leerkracht
professor
papier
papel
schrijven
escrever
pen
caneta
bureau
secretária
liniaal
régua
boek
livro
leerling
aluno

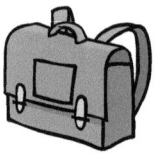

schooltas
mochila

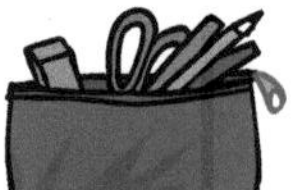

pennenzak
estojo de lápis

potlood
lápis

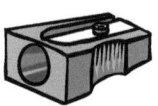

puntenslijper
afia-lápis

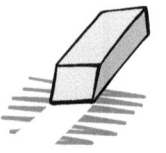

gom
borracha

tekenblok
bloco de desenho

tekening

desenho

verfborstel

pincel

verfdoos

caixa de tintas

schaar

tesoura

lijm

cola

werkboek

livro de exercícios

huiswerk

trabalhos de casa

nummer

número

optellen

somar

aftrekken

subtrair

vermenigvuldigen

multiplicar

rekenen

calcular

letter

letra

alfabet

alfabeto

woord

palavra

tekst

texto

Lezen

ler

krijt

giz

les

hora

klassenboek

registo de presenças

examen

exame

certificaat

certificado

schooluniform

uniforme escolar

onderwijs

educação

encyclopedie

enciclopédia

universiteit

universidade

microscoop

microscópio

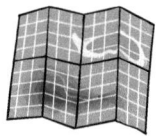

kaart

mapa

papiermand

cesto de lixo

hotel
hotel

jeugdherberg
hostel

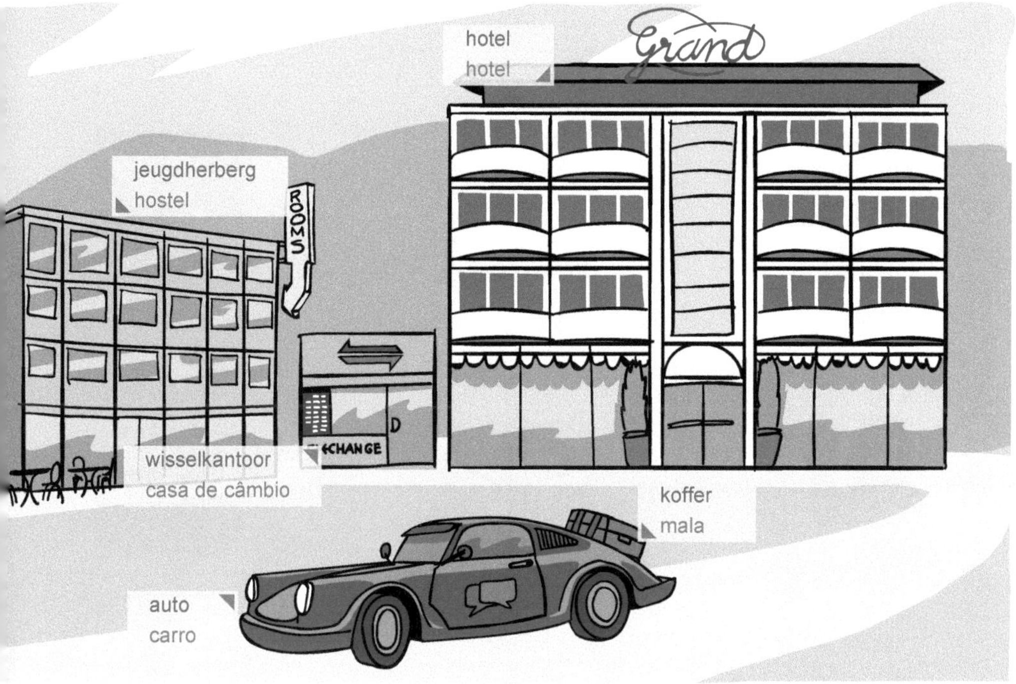

ROOMS

EXCHANGE

wisselkantoor
casa de câmbio

koffer
mala

auto
carro

		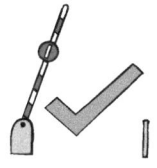
Taal	ja / nee	oké
idioma	sim / não	ok / certo / correto

hallo	vertaler	bedankt
olá	intérprete	obrigado

Hoeveel kost ...?

quanto é que custa... ?

Ik begrijp het niet

não entendo

probleem

problema

Goedenavond!

boa noite!

Goedemorgen!

Bom dia!

Goedenavond!

Boa noite!

Tot ziens

adeus

richting

direção

bagage

bagagem

zak

saco

rugzak

mochila

gast

convidado

kamer

quarto

slaapzak

saco-cama

tent

tenda

6

reis - viagem

toeristeninformatie	strand	kredietkaart
informação turística	praia	cartão de crédito

ontbijt	lunch	avondeten
pequeno-almoço	almoço	jantar

ticket	lift	postzegel
bilhete	elevador	selo postal

grens	douane	ambassade
fronteira	alfândega	embaixada

visum	paspoort	
visto	passaporte	

transport
transporte

vliegtuig
avião

schip
navio

brandweerwagen
carro de bombeiros

bus
autocarro

vrachtwagen
camião

motorboot
barco a motor

fiets
bicicleta

auto
carro

veerboot

cacilheiro

boot

barco

motor

mota

politiewagen

carro de polícia

racewagen

carro de corrida

huurauto

carro alugado

carpoolen

carsharing

sleepwagen

camião de reboque

vuilniswagen

camião do lixo

motor

motor

benzine

combustível

benzinestation

estação de serviço

verkeersbord

sinal de trânsito

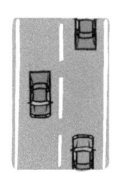

verkeer

trânsito

file

congestionamento de trânsito

parkeerplaats

arque de estacionamento

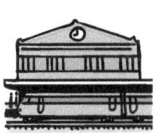

station

estação ferroviária

sporen

carris

trein

comboio

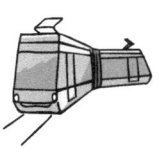

tram

elétrico

wagon

carruagem

helikopter

helicóptero

luchthaven

aeroporto

toren

torre

passagier

passageiro

container

contentor

karton

caixa de papelão

kar

carrinho

mand

cesto

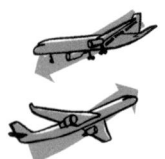

opstijgen / landen

levantar voo / aterrar

stad
cidade

dorp

aldeia

stadscentrum

centro da cidade

huis

casa

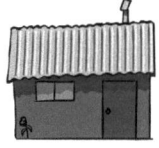

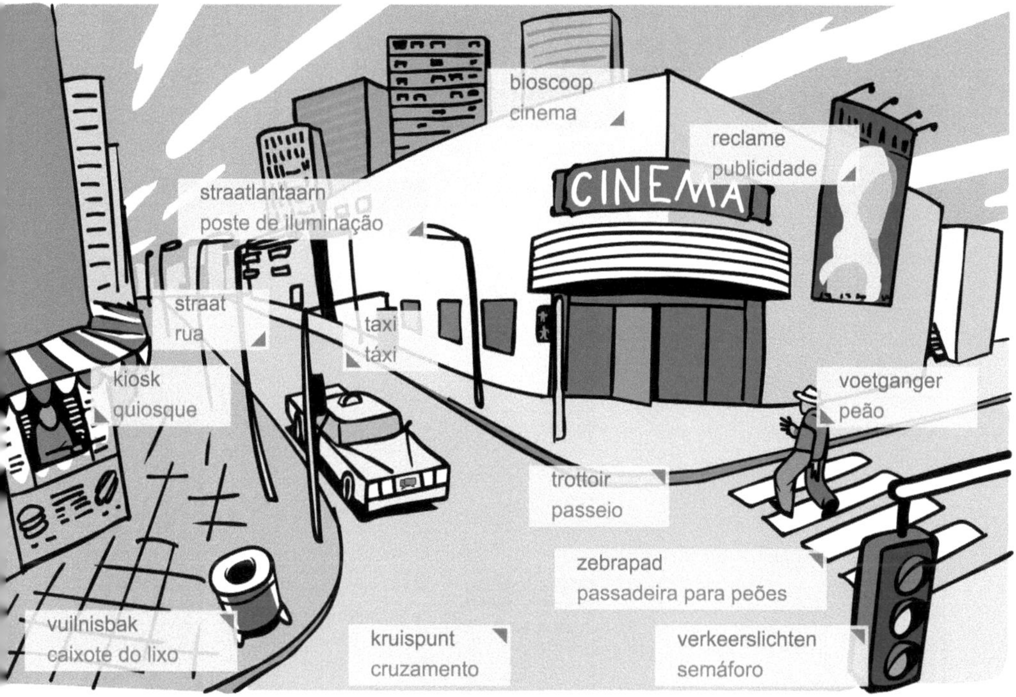
bioscoop
cinema
reclame
publicidade
CINEMA
straatlantaarn
poste de iluminação
straat
rua
taxi
táxi
kiosk
quiosque
voetganger
peão
trottoir
passeio
zebrapad
passadeira para peões
vuilnisbak
caixote do lixo
kruispunt
cruzamento
verkeerslichten
semáforo

hut

cabana

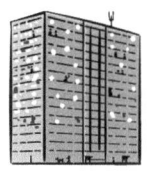

woning

apartamento

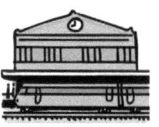

station

estação ferroviária

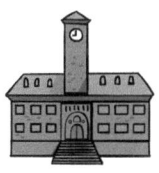

stadshuis

câmara municipal

MUSEUM

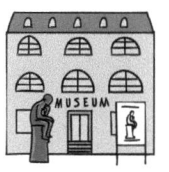

museum

museu

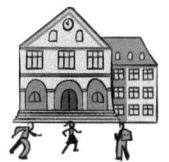

school

escola

universiteit

universidade

bank

banco

ziekenhuis

hospital

hotel

hotel

apotheek

farmácia

kantoor

escritório

boekwinkel

livraria

winkel

loja

bloemenwinkel

florista

supermarkt

supermercado

markt

mercado

warenhuis

loja de departamentos

vishandelaar

peixaria

winkelcentrum

centro comercial

haven

porto

stad - cidade

park

parque

bank

banco

brug

ponte

trap

escadas

metro

metro

tunnel

túnel

bushalte

paragem de autocarro

bar

bar

restaurant

restaurante

brievenbus

caixa de correio

straatnaambord

sinal de trânsito

parkeermeter

parquímetro

zoo

jardim zoológico

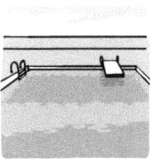

zwembad

piscina

moskee

mesquita

boerderij

quinta

milieuverontreiniging

poluição

kerkhof

cemitério

kerk

igreja

speelplaats

parque infantil

tempel

templo

landschap

paisagem

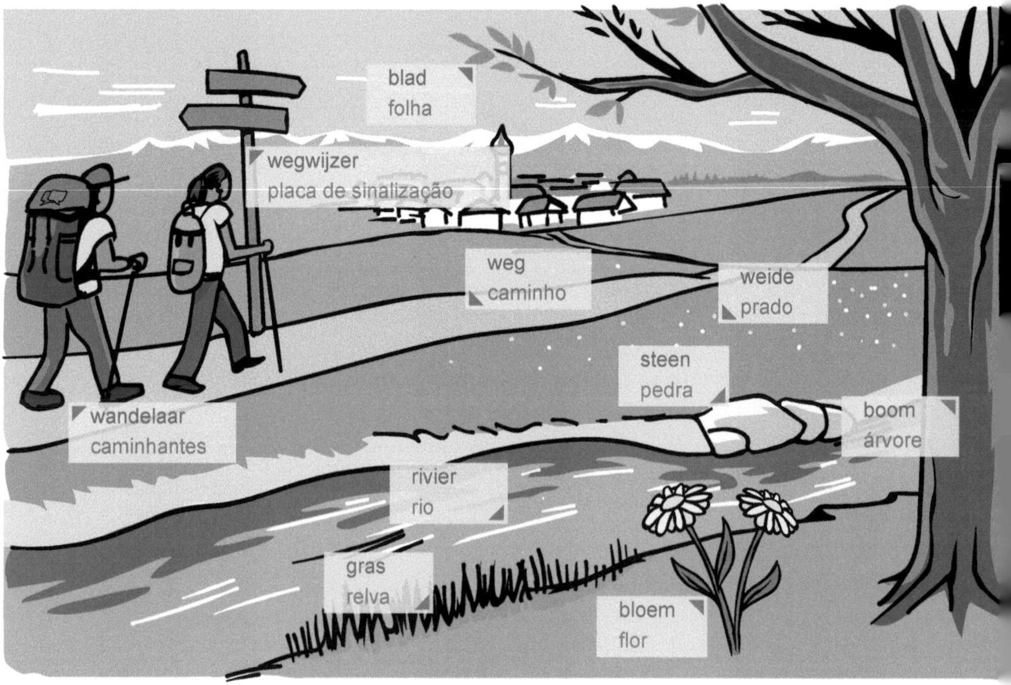

blad
folha

wegwijzer
placa de sinalização

weg
caminho

weide
prado

steen
pedra

wandelaar
caminhantes

boom
árvore

rivier
rio

gras
relva

bloem
flor

vallei	heuvel	meer
vale	montanha	lago
	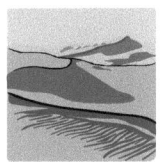	
bos	woestijn	vulkaan
floresta	deserto	vulcão

kasteel	regenboog	paddenstoel
castelo	arco-íris	cogumelo

palmboom	mug	vlieg
palma	mosquito	mosca

mier	bijl	spin
formiga	abelha	aranha

kever

besouro

kikker

sapo

eekhoorn

esquilo

egel

ouriço

haas

lebre

uil

coruja

vogel

pássaro

zwaan

cisne

wild zwijn

javali

hert

veado

eland

alce

dam

barragem

windturbine

turbina eólica

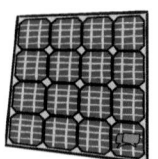

zonnepaneel

painel solar

klimaat

clima

restaurant
restaurante

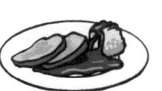

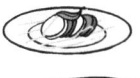

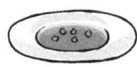

ober
empregado de mesa
menu
menu
stoel
cadeira
soep
sopa
pizza
pizza
bestek
talheres
tafelkleed
toalha de mesa

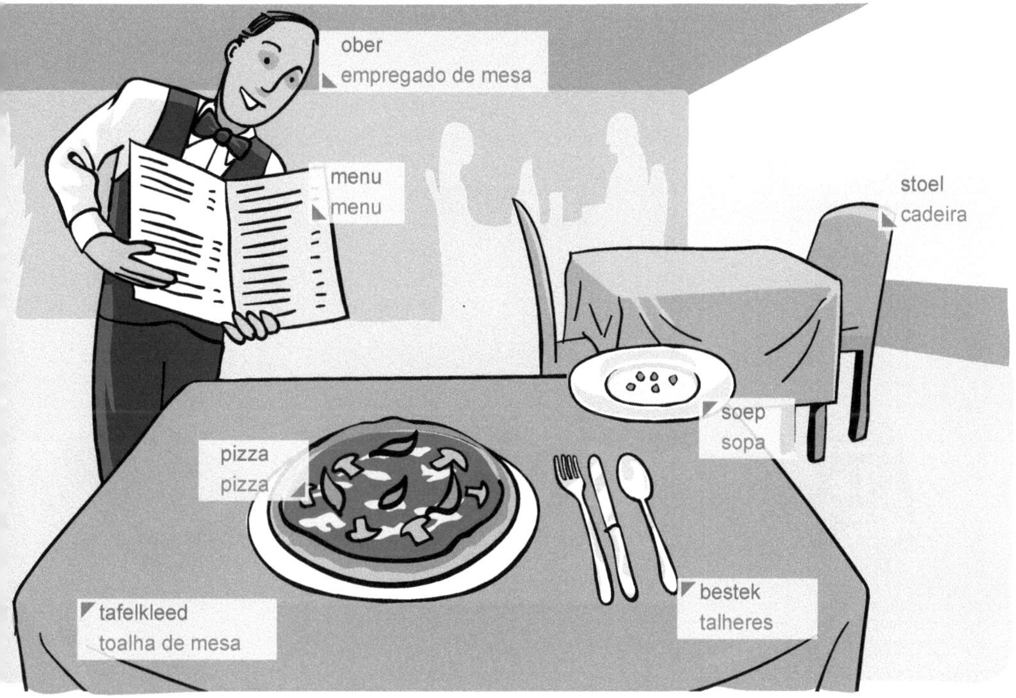

voorgerecht

entrada

hoofdgerecht

prato principal

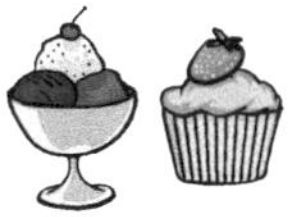

nagerecht

sobremesa

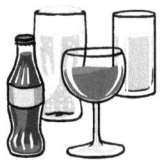

drankjes

bebidas

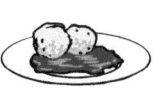

eten

comida

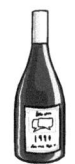

fles

garrafa

fastfood

fast food

street food

comida de rua

theepot

bule de chá

suikerpot

açucareiro

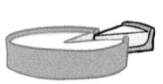

portie

porção

espressomachine

máquina de café expresso

kinderstoel

cadeira alta

rekening

conta

dienblad

bandeja

mes

faca

vork

garfo

lepel

colher

theelepel

colher de chá

serviette

guardanapo

glas

copo

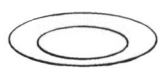

bord
prato

soepbord
prato de sopa

schoteltje
pires

saus
molho

zoutvatje
saleiro

pepermolen
moinho de pimenta

azijn
vinagre

olie
óleo

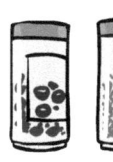

kruiden
especiarias

ketchup
ketchup

mosterd
mostarda

mayonaise
maionese

supermarkt
supermercado

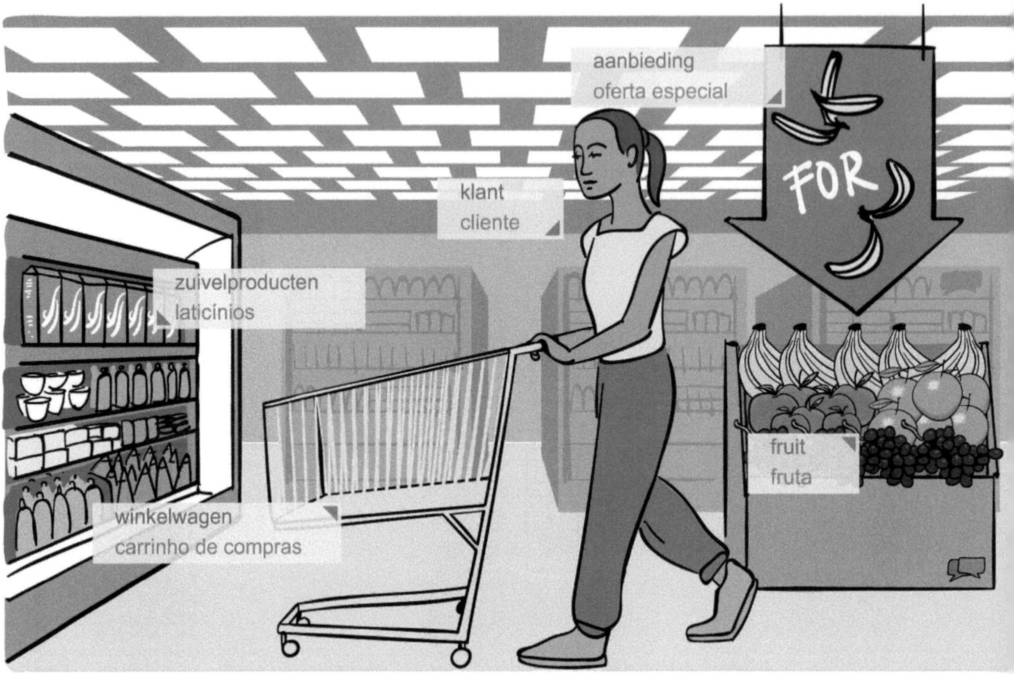

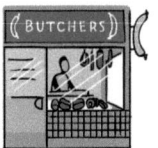

aanbieding
oferta especial
klant
cliente
FOR
zuivelproducten
laticínios
fruit
fruta
winkelwagen
carrinho de compras

BUTCHERS

slagerij

talho

BAKERY

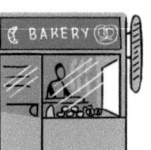

bakkerij

padaria

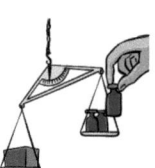

wegen

pesar

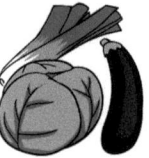

groenten

vegetais

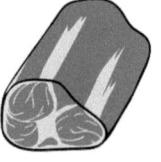

vlees

carne

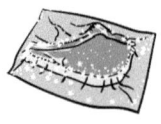

diepvriesvoedsel

alimentos congelados

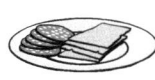

charcuterie

charcutaria

conserven

comida enlatada

waspoeder

detergente em pó

snoep

doces

huishoudproducten

artigos domésticos

schoonmaakproducten

produtos de limpeza

verkoopster

vendedora

kassa

caixa

kassier

caixa

boodschappenlijstje

lista de compras

openingstijden

horário de funcionamento

portefeuille

carteira

kredietkaart

cartão de crédito

tas

saco

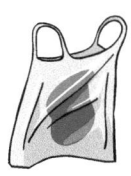

plastieken zakje

saco de plástico

drankjes
bebidas

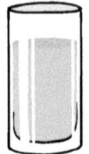

water
água

sap
sumo

melk
leite

cola
coca-cola

wijn
vinho

bier
cerveja

alcohol
álcool

cacao
cacau

thee
chá

koffie
café

espresso
café expresso

cappuccino
capuccino

banaan

banana

appel

maçã

sinaasappel

laranja

meloen

melão

citroen

limão

wortel

cenoura

knoflook

alho

bamboe

bambu

ajuin

cebola

champignon

cogumelo

noten

nozes

noodles

talharim

spaghetti

esparguete

rijst

arroz

salade

salada

frieten

batatas fritas

gebakken aardappelen

batatas fritas

pizza

pizza

hamburger

hambúrguer

sandwich

sanduíche

kalfslapje

bife panado

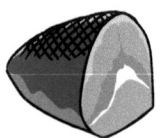

ham

fiambre

salami

salame

worst

salsicha

kip

galinha

braden

assado

vis

peixe

havervlokken

flocos de aveia

muesli

muesli

cornflakes

flocos de milho

bloem

farinha

croissant

croissant

pistolet

carcaça (pãozinho)

brood

pão

toast

torrada

koekjes

biscoitos

boter

manteiga

kwark

requeijão

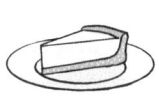

taart

bolo

ei

ovo

spiegelei

ovo estrelado

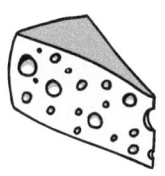

kaas

queijo

ijs

gelado

suiker

açúcar

honing

mel

confituur

compota

choco

creme de nougat

curry

caril

boerderij
quinta

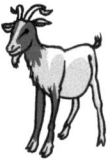

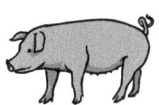

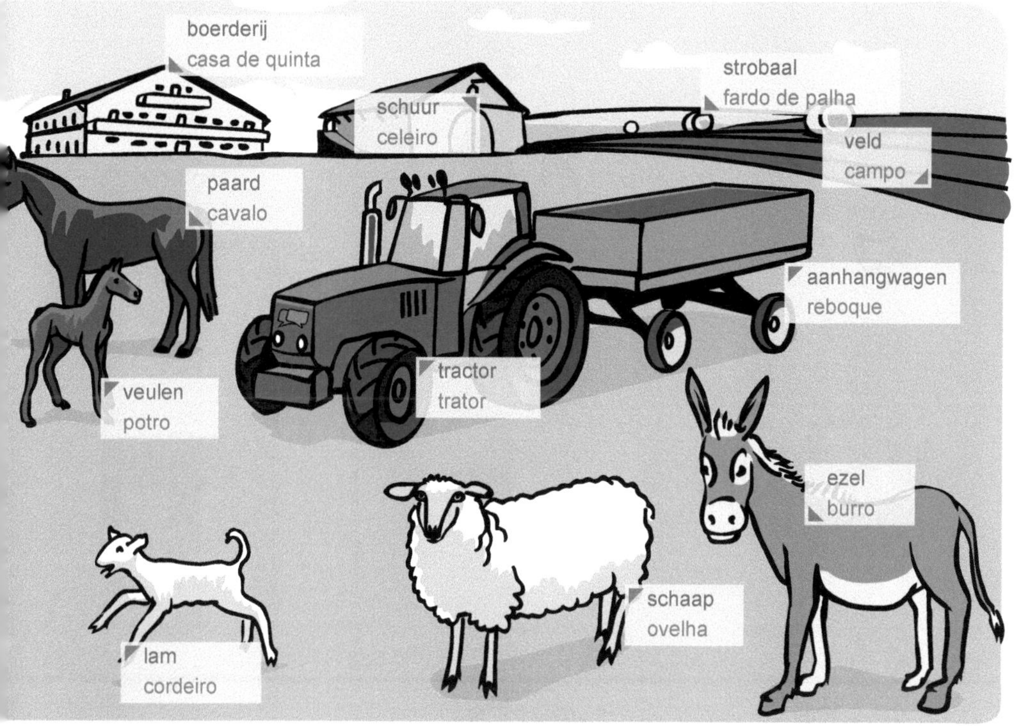
boerderij
casa de quinta
schuur
celeiro
strobaal
fardo de palha
veld
campo
paard
cavalo
aanhangwagen
reboque
tractor
trator
veulen
potro
ezel
burro
schaap
ovelha
lam
cordeiro

geit
cabra

koe
vaca

kalf
bezerro

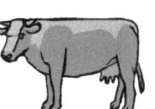

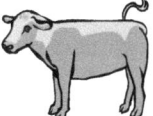

varken
porco

biggetje
leitão

stier
touro

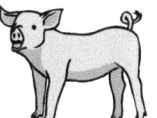

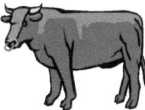

gans

ganso

eend

pato

kuiken

pintaínho

kip

galinha

haan

galo

rat

ratazana

kat

gato

muis

rato

os

boi

hond

cão

hondenhok

casota

tuinslang

mangueira de jardim

gieter

regador

zeis

foice

ploeg

arado

sikkel

foice

schoffel

enxada

hooivork

forquilha

bijl

machado

kruiwagen

carrinho de mão

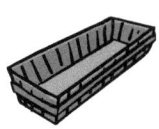

trog

manjedoura

melkkan

jarro de leite

zak

saco

hek

cerca

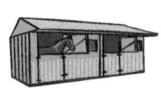

stal

estábulo

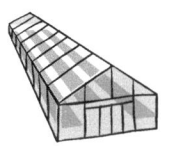

broeikas

estufa

bodem

solo

zaad

semente

mest

fertilizante

maaidorser

ceifeira-debulhadora

oogsten

colher

oogst

colheita

yam

inhame

tarwe

trigo

soja

soja

aardappel

batata

maïs

milho

koolzaad

colza

fruitboom

árvore de fruto

maniok

mandioca

graan

cereais

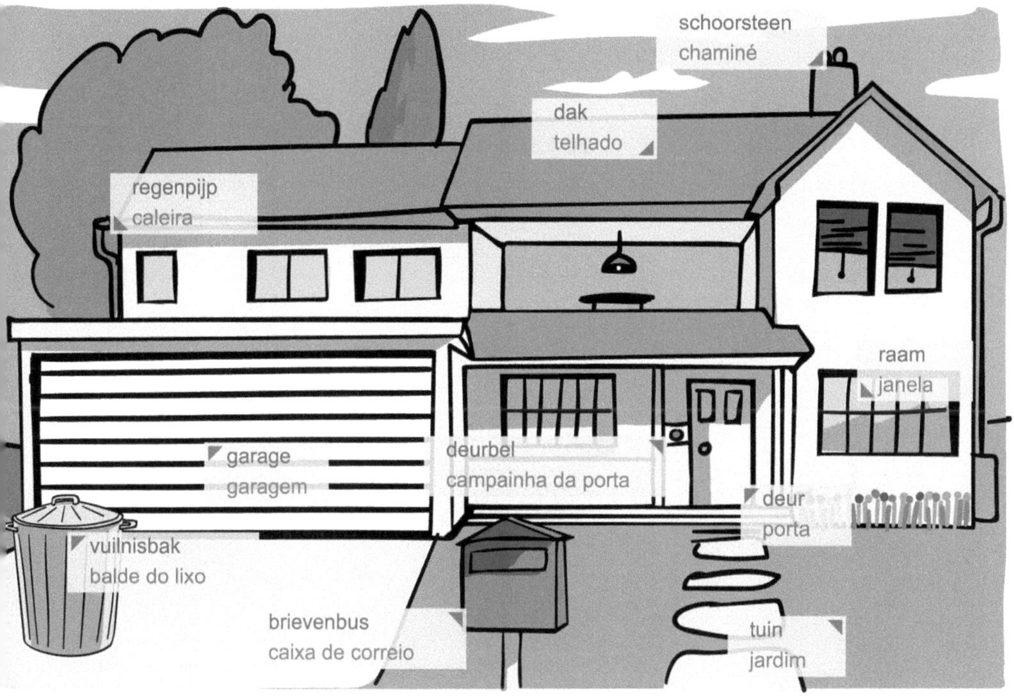

schoorsteen
chaminé

dak
telhado

regenpijp
caleira

raam
janela

garage
garagem

deurbel
campainha da porta

deur
porta

vuilnisbak
balde do lixo

brievenbus
caixa de correio

tuin
jardim

woonkamer
sala de estar

badkamer
casa de banho

keuken
cozinha

slaapkamer
quarto de dormir

kinderkamer
quarto de criança

eetkamer
sala de jantar

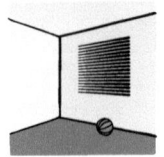

vloer

chão

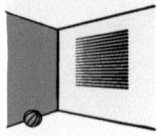

muur

parede

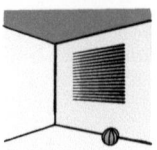

plafond

teto

kelder

cave

sauna

sauna

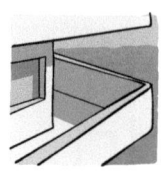

balkon

varanda

terras

terraço

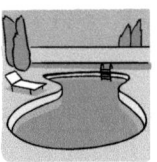

zwembad

piscina

grasmaaier

máquina de cortar relvado

dekbedovertrek

lençol

dekbed

cobertor

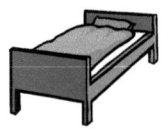

bed

cama

bezem

vassoura

emmer

balde

schakelaar

interruptor

woonkamer
sala de estar

behangpapier
papel de parede
foto
imagem
lamp
lâmpada
schap
prateleira
kast
armário
televisie
televisão
open haard
lareira
bloem
flor
kussen
almofada
sofa
sofá
vaas
vaso
afstandsbediening
controlo remoto

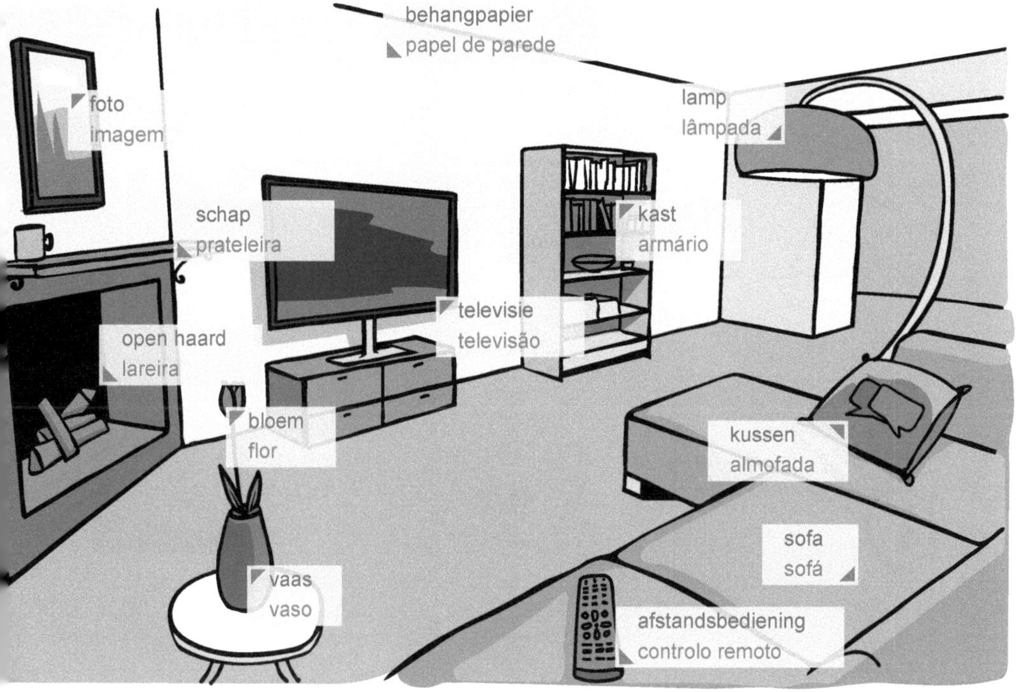

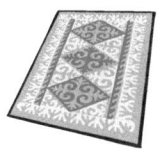

mat
tapete

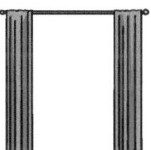

gordijn
cortina

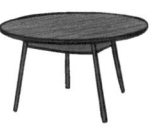

tafel
mesa

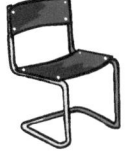

stoel
cadeira

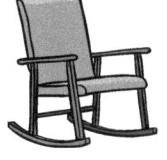

schommelstoel
cadeira de baloiço

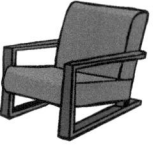

fauteuil
poltrona

boek

livro

deken

cobertor

decoratie

decoração

brandhout

lenha

film

filme

stereo-installatie

sistema estéreo

sleutel

chave

krant

jornal

schilderij

pintura

poster

póster

radio

rádio

notitieboekje

bloco de notas

stofzuiger

aspirador

cactus

cato

kaars

vela

keuken
cozinha

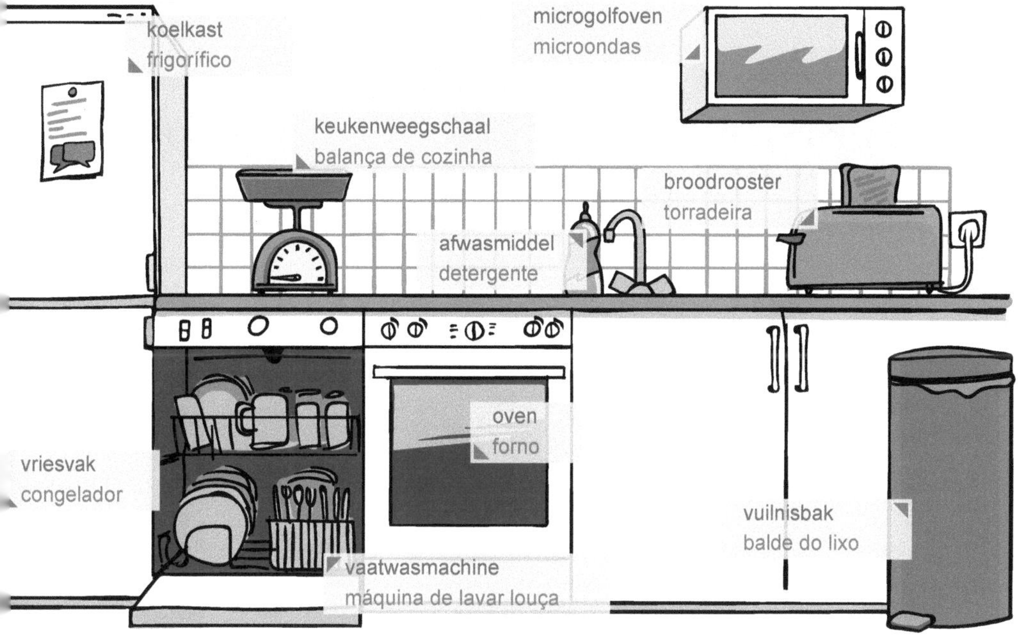
koelkast
frigorífico
microgolfoven
microondas
keukenweegschaal
balança de cozinha
broodrooster
torradeira
afwasmiddel
detergente
oven
forno
vriesvak
congelador
vuilnisbak
balde do lixo
vaatwasmachine
máquina de lavar louça

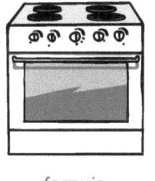

fornuis

fogão

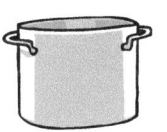

pot

panela

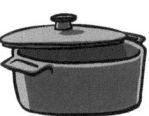

gietijzeren pot

panela de ferro

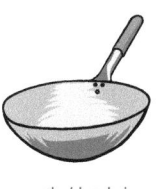

wok / kadai

wok / kadai

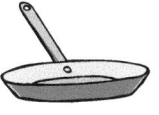

pan

frigideira

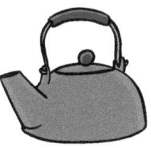

waterkoker

chaleira

stoomkoker

panela a vapor

bakplaat

tabuleiro de forno

servies

louça

mok

caneca

kom

tigela

eetstokjes

pauzinhos

pollepel

concha de sopa

spatel

espátula

garde

batedor de claras

vergiet

escorredor

zeef

peneira

rasp

ralador

mortier

almofariz

barbecue

churrasqueira

haardvuur

lareira

snijplank

tábua de cortar

deegrol

rolo da massa

kurkentrekker

saca-rolhas

blik

lata

blikopener

abridor de latas

pannenlap

luvas de forno

gootsteen

lava-loiça

borstel

escova

spons

esponja

blender

liquidificador

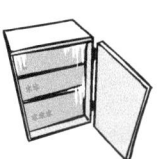

vriezer

arca frigorífica

papfles

biberão

kraan

torneira

badkamer
casa de banho

verwarming
aquecimento

douche
chuveiro

handdoek
toalha

douchegordijn
cortina de chuveiro

bubbelbad
banho de espuma

badkuip
banheira

glas
copo

wasmachine
máquina de lavar roupa

tegels
azulejos

kraan
torneira

kinderpo
penico

gootsteen
lava-loiça

toilet

sanita

hurktoilet

retrete turca

bidet

bidé

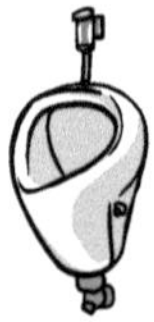

urinoir

urinol

toiletpapier

papel higiénico

toiletborstel

piaçaba

tandenborstel

escova de dentes

tandpasta

pasta de dentes

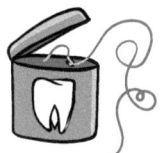

flosdraad

fio dentário

wassen

lavar

handdouche

chuveiro de mão

bidethanddouche

duche íntimo

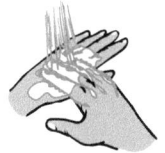

waskom

bacia

rugborstel

escova para as costas

zeep

sabonete

douchegel

gel de banho

shampoo

champô

washandje

toalha de rosto

afvoer

escoamento

crème

creme

deodorant

desodorizante

spiegel

espelho

handspiegel

espelho de mão

scheermes

máquina de barbear

scheerschuim

creme de barbear

aftershave

loção pós-barba

kam

pente

borstel

escova

haardroger

secador de cabelo

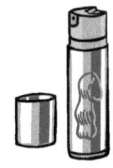

haarlak

spray de cabelo

make-up

maquilhagem

lippenstift

batom

nagellak

verniz de unhas

watten

algodão

nagelknipper

tesoura para unhas

parfum

perfume

toilettas

nécessaire

kruk

tamborete

weegschaal

balança

badjas

roupão de banho

latex handschoenen

luvas de borracha

tampon

tampão

maandverband

penso higiénico

chemisch toilet

WC químico

kinderkamer
quarto de criança

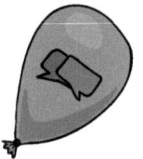

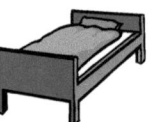

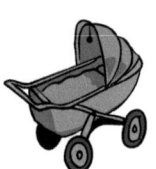

wekker
despertador
knuffel
peluche
speelgoedauto
carro de brincar
rammelaar
chocalho
poppenhuis
casa de bonecas
geschenk
presente

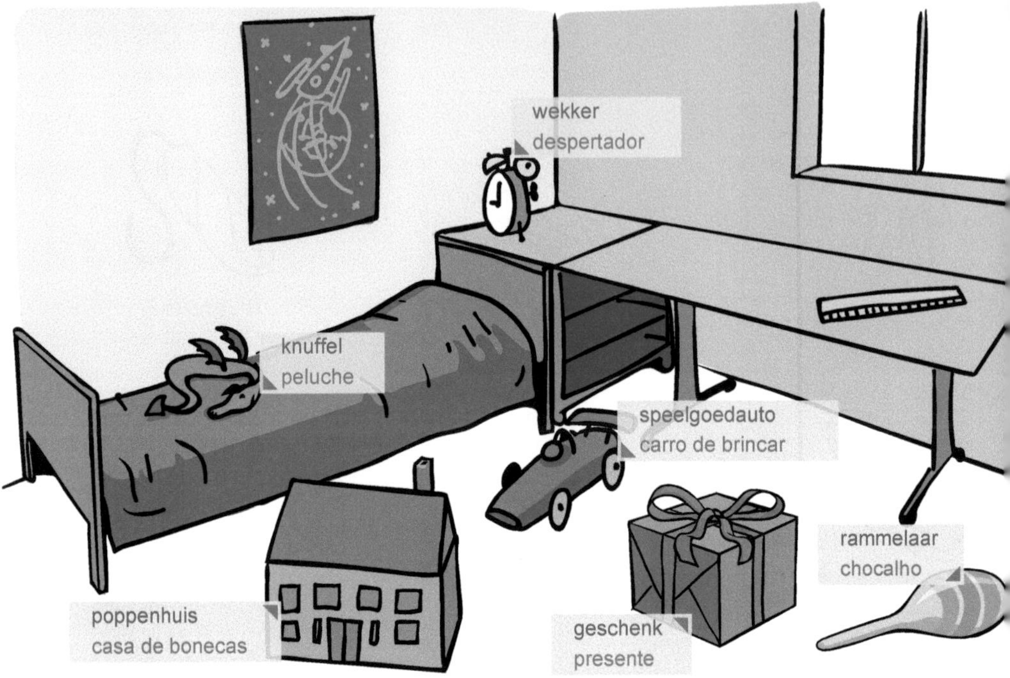

ballon
balão

bed
cama

kinderwagen
carrinho de bebé

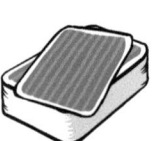

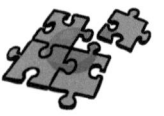

spel kaarten
jogo de cartas

puzzel
quebra-cabeças

SUPER MEGA
stripboek
banda desenhada

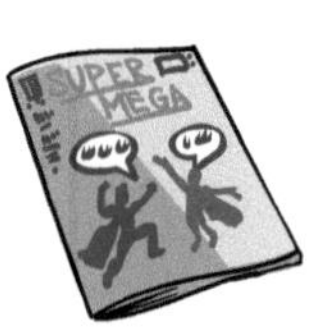

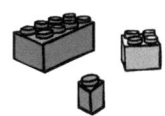

legoblokjes

peças de Lego

blokken

blocos de construção

actiefiguur

figura de ação

kruippakje

fato de bebé

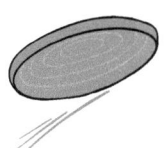

frisbee

Frisbee

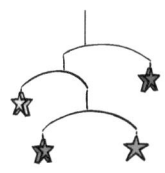

mobiel

móbile para bebé

bordspel

jogo de tabuleiro

dobbelsteen

dados

modelspoorweg

pista de comboio elétrico

fopspeen

chupeta

feest

festa

prentenboek

livro ilustrado

bal

bola

pop

boneca

spelen

jogar

zandbak

caixa de areia

schommel

baloiço

speelgoed

brinquedos

spelconsole

consola de jogos

driewieler

triciclo

knuffelbeer

ursinho de peluche

kleerkast

guarda-roupa

kleding
vestuário

sokken

meias

kousen

meias pelo joelho

maillot

meias-calças

sjaal
cachecol

paraplu
guarda-chuva

riem
cinto

T-shirt
t-shirt

laarzen
botas

slippers
chinelos

sneakers
sapatilhas

sandalen
sandálias

schoenen
sapatos

rubberlaarzen
botas de borracha

onderbroek
cuecas

beha
sutiã

onderhemd
camisola interior

lichaam

body

broek

calças

jeans

calças de ganga

rok

saia

blouse

blusa

hemd

camisa

trui

pulôver

capuchontrui

camisola com capuz

blazer

blazer

jas

casaco

jas

manto

regenjas

gabardina

kostuum

traje

jurk

vestido

trouwjurk

vestido de casamento

pak

fato

nachthemd

camisa de dormir

pyjama

pijama

sari

sari

hoofddoek

lenço de cabeça

tulband

turbante

boerka

burca

kaftan

cafetã

abaya

abaya

badpak

fato de banho

zwembroek

calções de banho

short

calções

trainingspak

fato de treino

schort

avental

handschoenen

luvas

knoop

botão

bril

óculos

armband

pulseira

ketting

colar

ring

anel

oorbel

brinco

pet

boné

kapstok

cabide

hoed

chapéu

das

gravata

rits

fecho de correr

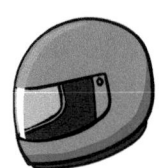

helm

capacete

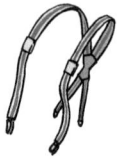

bretellen

suspensórios

schooluniform

uniforme escolar

uniform

uniforme

slabbetje

babete

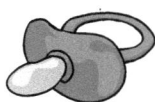

fopspeen

chupeta

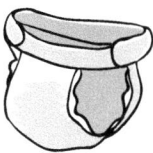

luier

fralda

kantoor
escritório

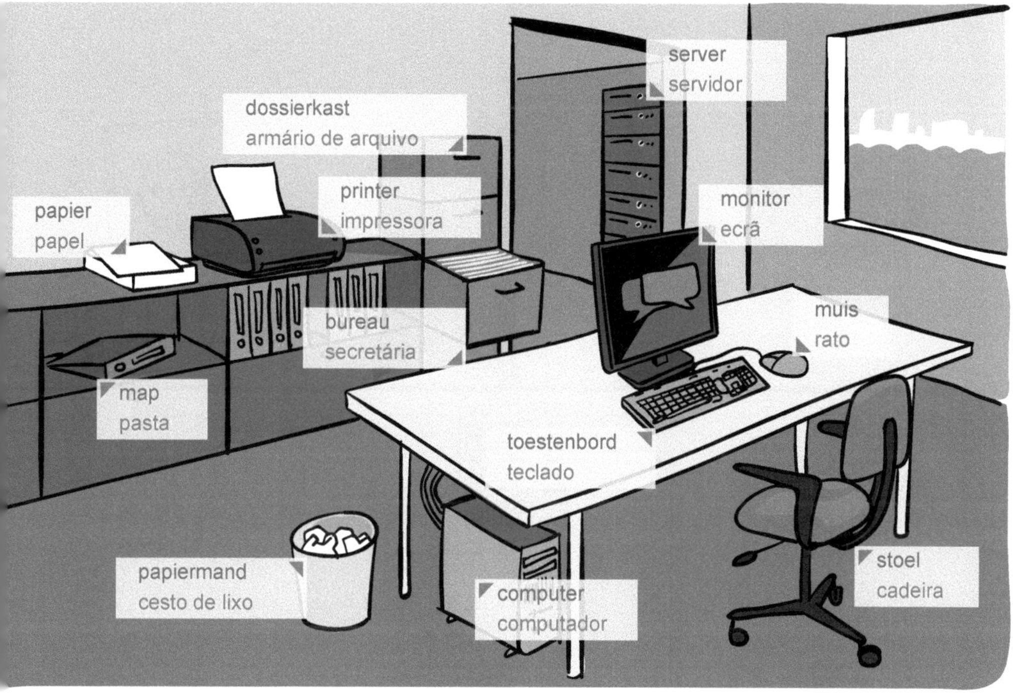

koffiemok

caneca de café

rekenmachine

calculadora

internet

internet

server / servidor

dossierkast / armário de arquivo

printer / impressora

papier / papel

monitor / ecrã

muis / rato

bureau / secretária

map / pasta

toestenbord / teclado

papiermand / cesto de lixo

computer / computador

stoel / cadeira

kantoor - escritório

49

laptop

computador portátil

brief

carta

bericht

mensagem

gsm

telemóvel

netwerk

rede

kopieerapparaat

fotocopiadora

software

software

telefoon

telefone

stopcontact

tomada elétrica

fax

fax

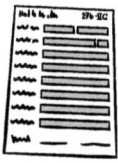

formulier

formulário

document

documento

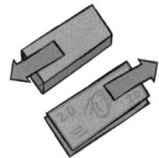

kopen

comprar

betalen

pagar

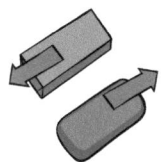

handelen

negociar

geld

dinheiro

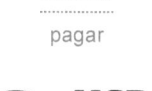 **USD**

dollar

dólar

 **EUR**

euro

euro

 **JPY**

yen

yen

 **RUB**

roebel

rublo

 **CHF**

Zwitserse frank

franco suíço

 **CNY**

Chinese renminbi

renminbi yuan

 **INR**

roepie

rupia

geldautomaat

caixa de multibanco

wisselkantoor

casa de câmbio

goud

ouro

zilver

prata

olie

petróleo

energie

energia

prijs

preço

contract

contrato

belasting

imposto

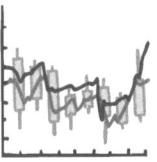

aandeel

ação

werken

trabalhar

werknemer

empregado

werkgever

entidade patronal

fabriek

fábrica

winkel

loja

beroepen
profissões

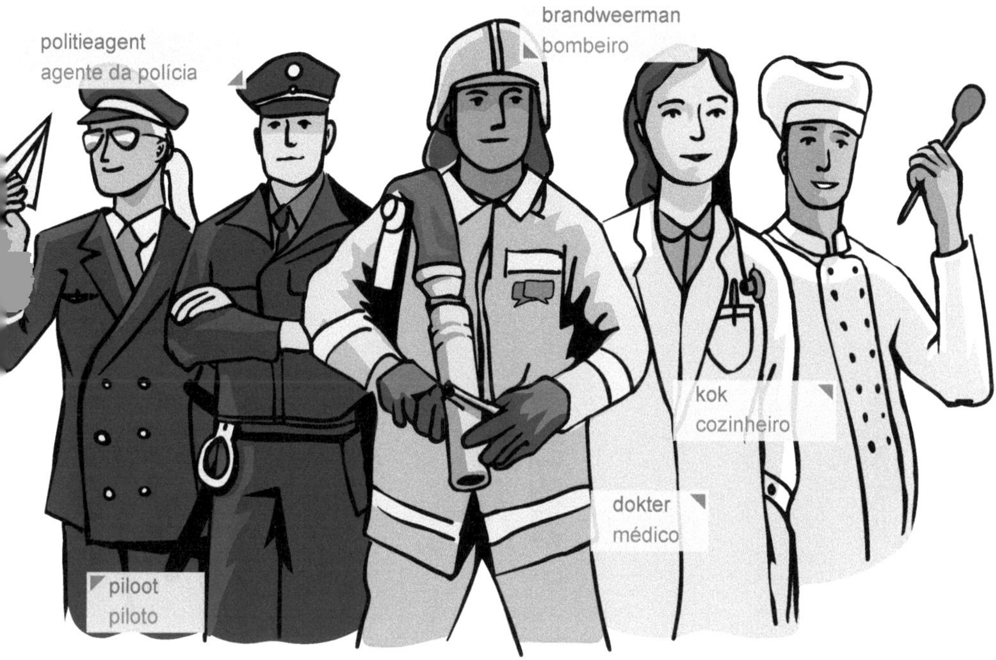

politieagent
agente da polícia
brandweerman
bombeiro
kok
cozinheiro
dokter
médico
piloot
piloto

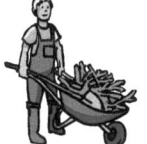

tuinman

jardineiro

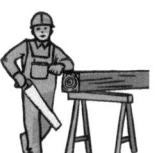

timmerman

carpinteiro

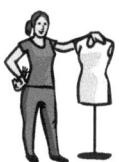

naaister

costureira

rechter

juiz

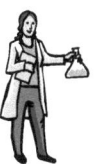

chemicus

químico

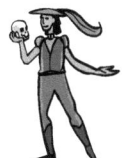

acteur

ator

buschauffeur

motorista de autocarro

taxichauffeur

motorista de táxi

visser

pescador

schoonmaakster

empregada de limpeza

dakdekker

telhador

ober

empregado de mesa

jager

caçador

schilder

pintor

bakker

padeiro

elektricien

eletricista

bouwvakker

construtor

ingenieur

engenheiro

slager

talhante

loodgieter

canalizador

postbode

carteiro

soldaat

soldado

architect

arquiteto

kassier

caixa

bloemist

florista

kapper

cabeleireiro

conducteur

controlador de bilhetes

mecanicien

mecânico

kapitein

capitão

tandarts

dentista

wetenschapper

cientista

rabbijn

rabino

imam

imã

monnik

monge

geestelijke

pastor

werktuigen
ferramentas

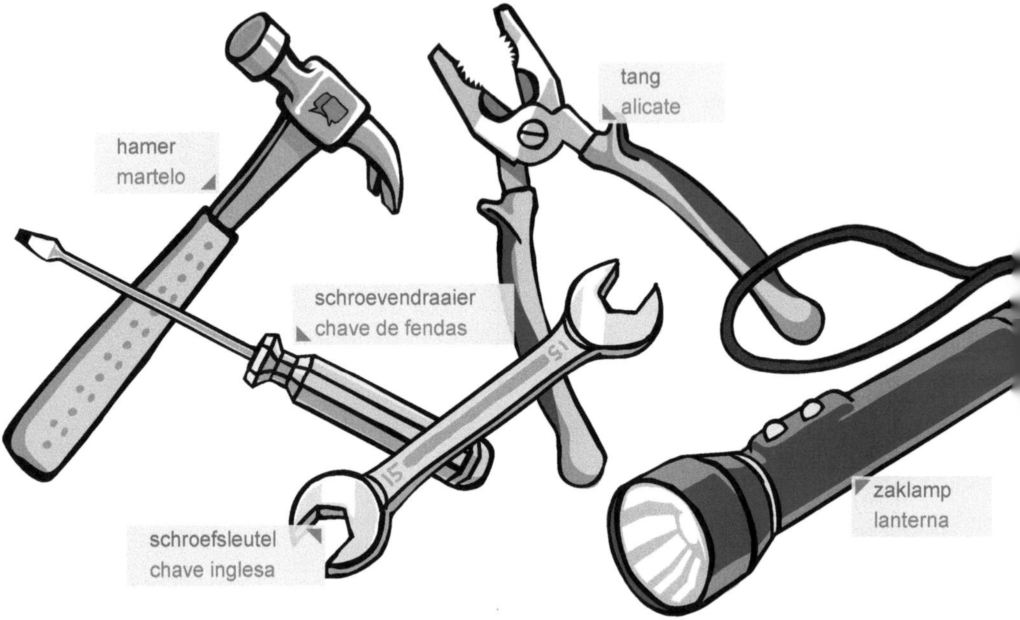
hamer
martelo
tang
alicate
schroevendraaier
chave de fendas
schroefsleutel
chave inglesa
zaklamp
lanterna

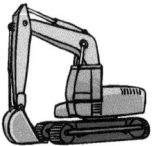

graafmachine

escavadora

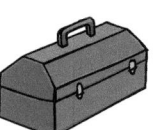

gereedschapskoffer

caixa de ferramentas

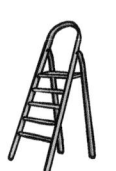

ladder

escadote

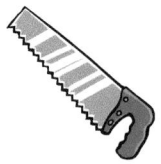

zaag

serra

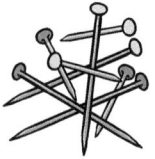

spijkers

pregos

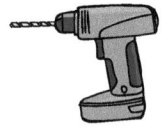

boormachine

broca

repareren
reparar

schop
pá

Verdomme!
porcaria!

blik
pá de lixo

verfpot
pote de tinta

schroeven
parafusos

muziekinstrumenten
instrumentos musicais

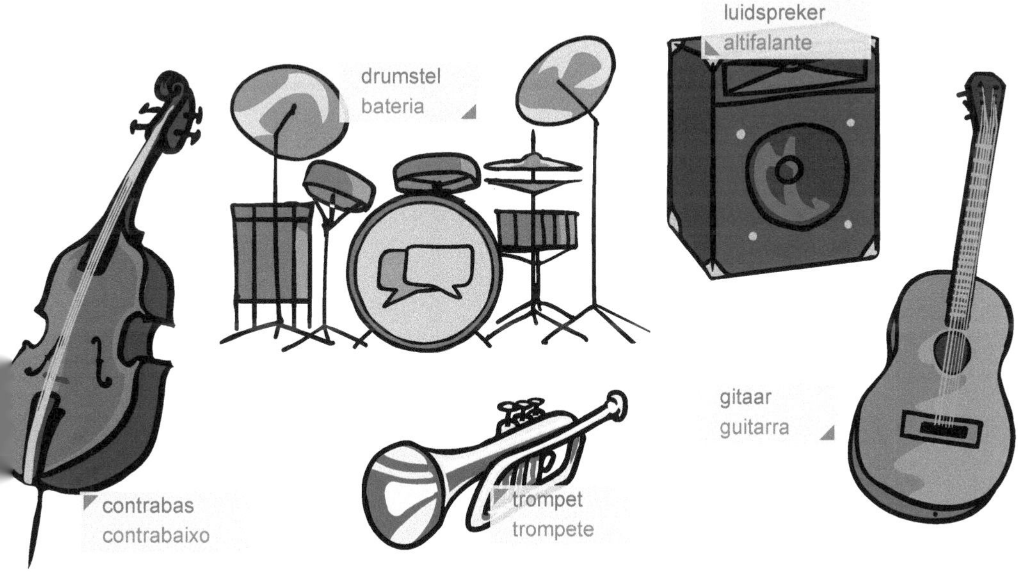

luidspreker
altifalante

drumstel
bateria

gitaar
guitarra

contrabas
contrabaixo

trompet
trompete

piano

piano

viool

violino

basgitaar

baixo

pauk

timbales

trommels

tambor

keyboard

teclado

saxofoon

saxofone

fluit

flauta

microfoon

microfone

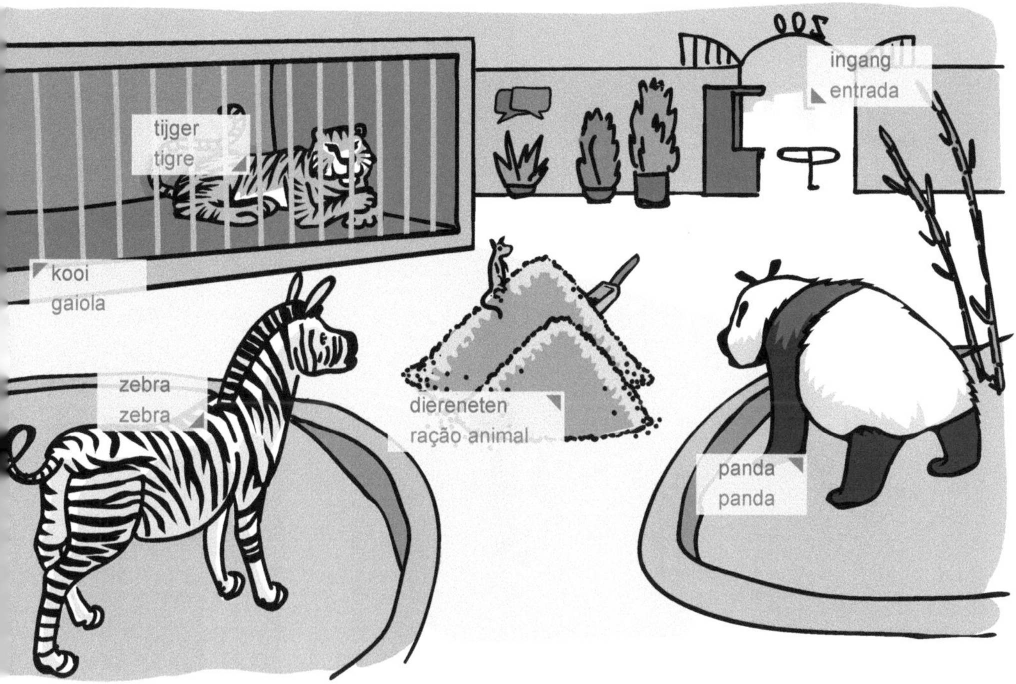

jardim zoológico

ingang
entrada

tijger
tigre

kooi
gaiola

zebra
zebra

diereneten
ração animal

panda
panda

dieren

animais

olifant

elefante

kangoeroe

canguru

neushoorn

rinoceronte

gorilla

gorila

beer

urso

kameel

camelo

struisvogel

avestruz

leeuw

leão

aap

macaco

flamingo

flamingo

papegaai

papagaio

ijsbeer

urso polar

pinguïn

pinguim

haai

tubarão

pauw

pavão

slang

cobra

krokodil

crocodilo

dierenverzorger

guarda do jardim zoológico

zeehond

foca

jaguar

jaguar

pony
pónei

luipaard
leopardo

nijlpaard
hipopótamo

giraffe
girafa

adelaar
águia

wild zwijn
javali

vis
peixe

zeeschildpad
tartaruga

walrus
morsa

vos
raposa

gazelle
gazela

sporten
desporto

rugby
futebol americano

wielrennen
ciclismo

tennis
ténis

basketbal
basquetebol

zwemmen
natação

boksen
boxe

ijshockey
hóquei no gelo

voetbal
futebol

badminton
badminton

atletiek
atletismo

handbal
andebol

skiën
esqui

polo
polo

activiteiten

atividades

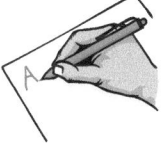

lachen
rir
springen
saltar
knuffelen
abraçar
wandelen
andar
zingen
cantar
dromen
sonhar
bidden
rezar
kussen
beijar

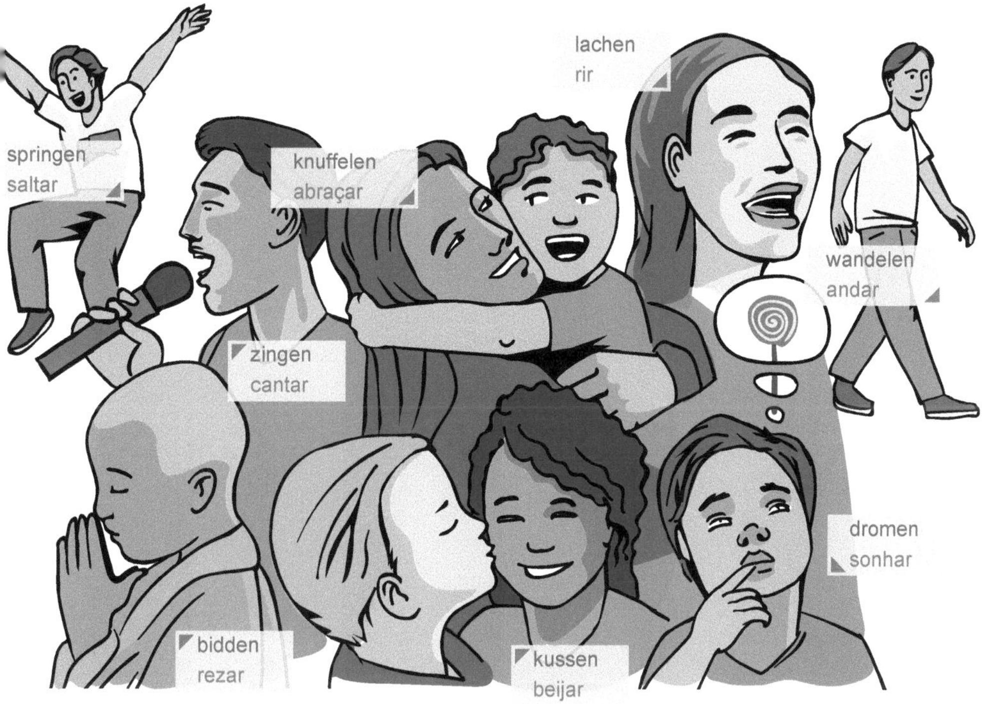

schrijven

escrever

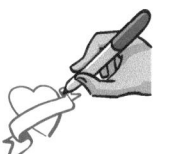

tekenen

desenhar

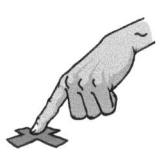

tonen

mostrar

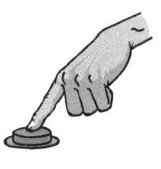

duwen

empurrar

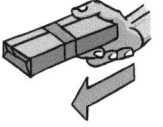

geven

dar

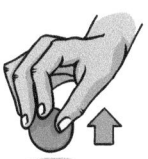

nemen

tomar

hebben

ter

doen

fazer

zijn

ser

staan

ficar de pé

lopen

correr

trekken

puxar

gooien

remessar

vallen

cair

liggen

deitar

wachten

esperar

dragen

carregar

zitten

sentar

aankleden

vestir

slapen

dormir

ontwaken

acordar

kijken naar

olhar para

wenen

chorar

aaien

acariciar

kammen

pentear

praten

falar

begrijpen

compreender

vragen

perguntar

luisteren

ouvir

drinken

beber

eten

comer

opruimen

arrumar

houden van

amar

koken

cozinhar

rijden

conduzir

vliegen

voar

zeilen

velejar

rekenen

calcular

Lezen

ler

leren

aprender

werken

trabalhar

trouwen

casar

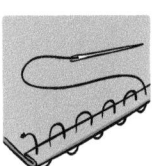

naaien

costurar

tandenpoetsen

escovar os dentes

doden

matar

roken

fumar

sturen

enviar

grootmoeder
avó

grootvader
avô

vader
pai

moeder
mãe

baby
bebé

dochter
filha

zoon
filho

gast

convidado

tante

tia

oom

tio

broer

irmão

zus

irmã

lichaam

corpo

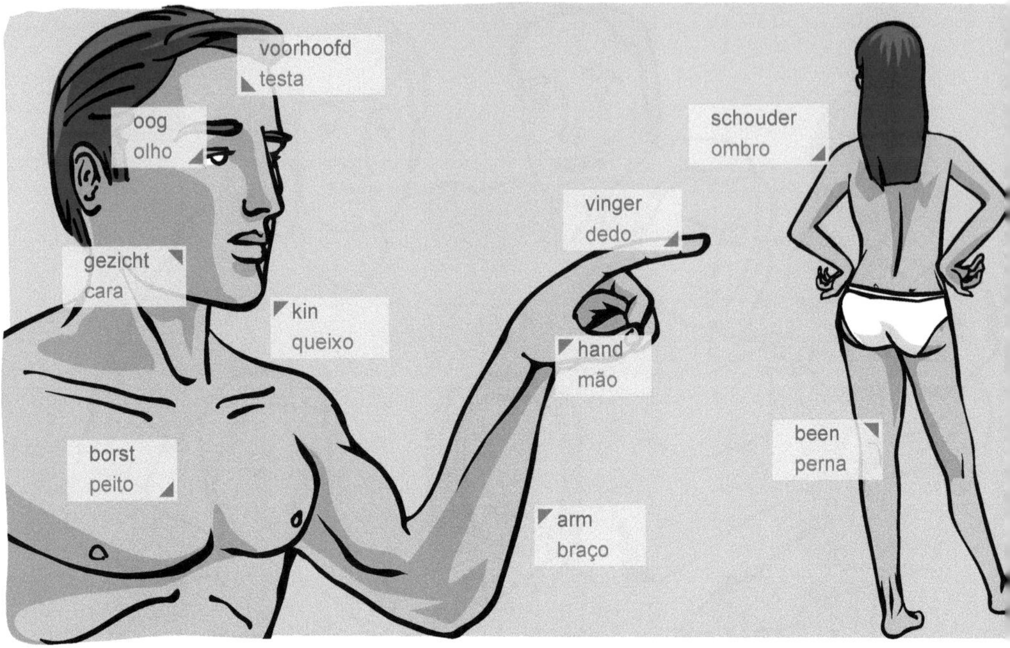

voorhoofd
testa

oog
olho

schouder
ombro

vinger
dedo

gezicht
cara

kin
queixo

hand
mão

borst
peito

been
perna

arm
braço

baby

bebé

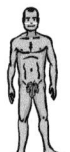

man

homem

vrouw

mulher

meisje

menina

jongen

menino

hoofd

cabeça

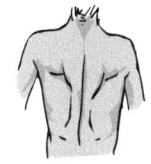

rug

costas

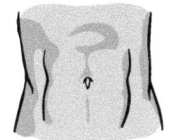

buik

barriga

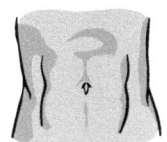

navel

umbigo

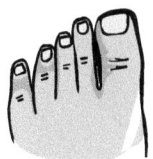

teen

dedo do pé

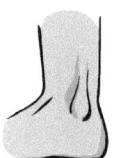

hiel

calcanhar

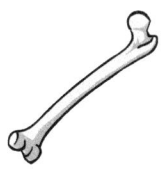

bot

osso

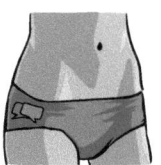

heup

anca

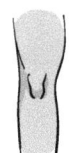

knie

joelho

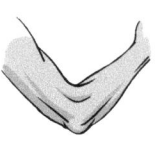

elleboog

cotovelo

neus

nariz

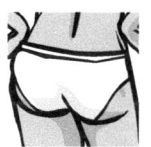

zitvlak

nádegas

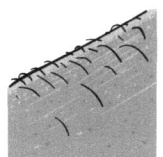

huid

pele

wang

bochecha

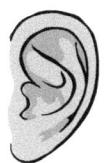

oor

orelha

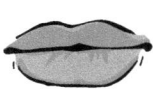

lip

lábio

mond

boca

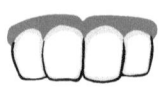

tand

dente

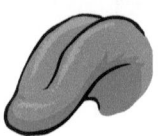

tong

língua

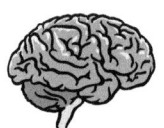

hersenen

cérebro

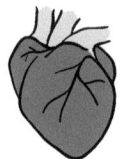

hart

coração

spier

músculo

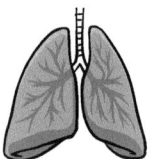

long

pulmão

lever

fígado

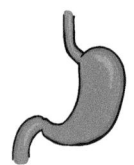

maag

estômago

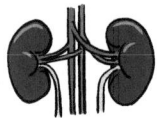

nieren

rins

seks

relações sexuais

condoom

preservativo

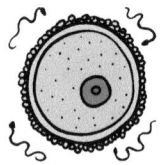

eicel

óvulo

sperma

esperma

zwangerschap

gravidez

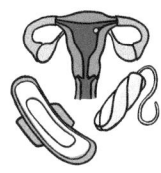

menstruatie

menstruação

vagina

vagina

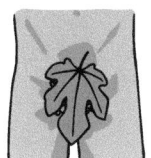

penis

pénis

wenkbrauw

sobrancelha

haar

cabelo

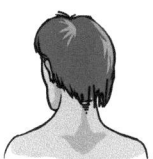

nek

pescoço

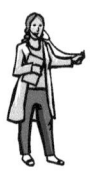

ziekenhuis
hospital

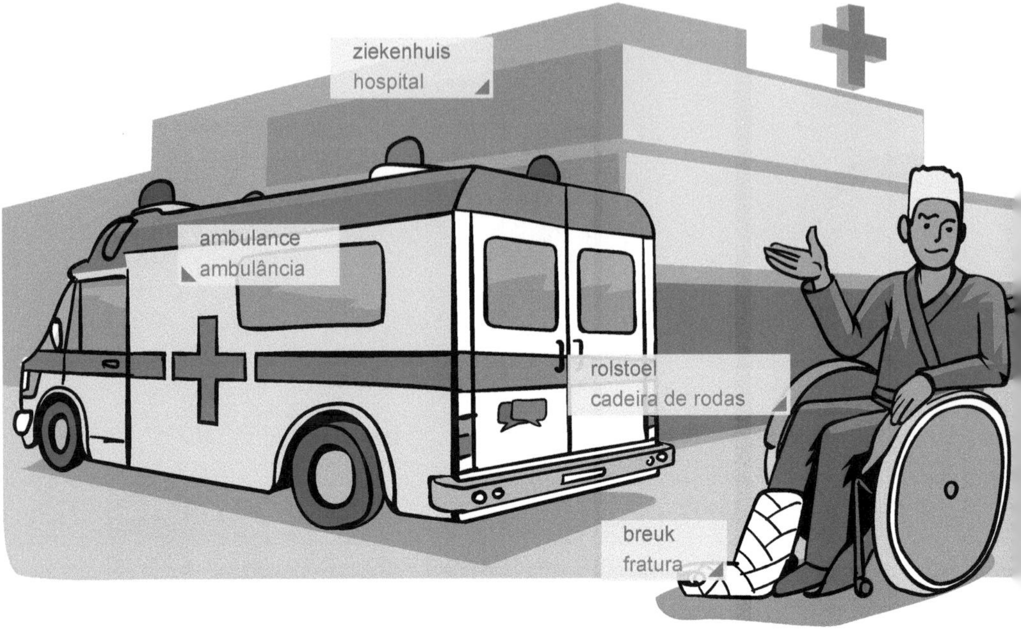

ziekenhuis
hospital
ambulance
ambulância
rolstoel
cadeira de rodas
breuk
fratura

dokter

médico

spoed

serviço de urgências

verpleegkundige

enfermeira

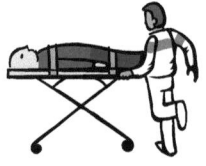

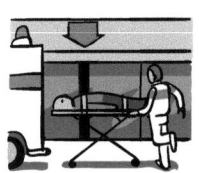

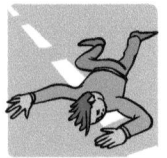

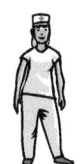

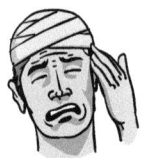

noodgeval

emergência

bewusteloos

inconsciente

pijn

dor

verwonding

ferimento

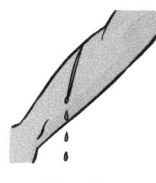

bloeding

hemorragia

hartaanval

ataque cardíaco

beroerte

cidente vascular cerebral

allergie

alergia

hoest

tosse

koorts

febre

griep

gripe

diarree

diarreia

hoofdpijn

dor de cabeça

kanker

cancro

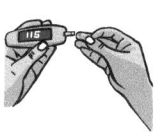

diabetes

diabetes

chirurg

cirurgião

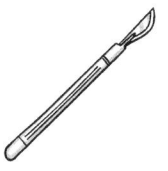

scalpel

bisturi

operatie

operação

CT

CT

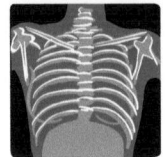

röntgenstraal

raio x

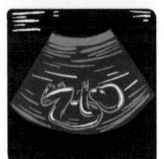

ultrageluid

ultrassom

gezichtsmasker

máscara

ziekte

doença

wachtkamer

sala de espera

kruk

muleta

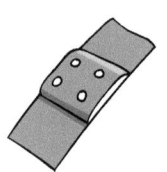

pleister

penso rápido

verband

ligadura

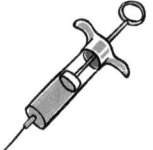

injectie

injeção

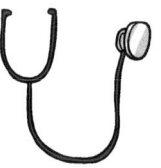

stethoscoop

estetoscópio

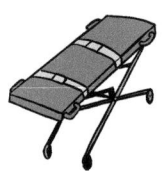

brancard

maca

thermometer

termómetro

geboorte

nascimento

overgewicht

excesso de peso

hoorapparaat

aparelho auditivo

ontsmettingsmiddel

desinfetante

infectie

infeção

virus

vírus

HIV / AIDS

HIV / SIDA

medicijn

medicamento

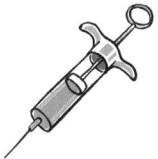

vaccinatie

vacinação

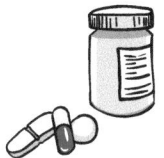

tabletten

comprimidos

pil

pílula

noodoproep

chamada de emergência

bloeddrukmeter

dispositivo de medição de
pressão arterial

ziek / gezond

doente / saudável

Help!	alarm	overval
Socorro!	alarme	assalto

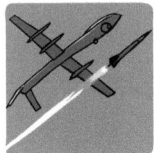

aanval	gevaar	nooduitgang
ataque	perigo	saída de emergência

Brand!	brandblusser	ongeval
Fogo!	extintor de incêndios	acidente

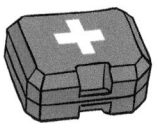

EHBO-kit	SOS	politie
estojo de primeiros socorros	SOS	polícia

Europa

Europa

Noord-Amerika

América do Norte

Zuid-Amerika

América do Sul

Afrika

África

Azië

Ásia

Australië

Austrália

Atlantische Oceaan

Atlântico

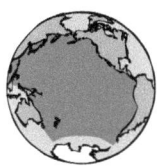

Stille Oceaan

Pacífico

Indische Oceaan

Oceano Índico

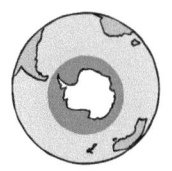

Antarctische Oceaan

Oceano Antártico

Arctische Oceaan

Oceano Ártico

Noordpool

Polo Norte

Zuidpool	Antarctica	aarde
Polo Sul	Antártica	terra

land	zee	eiland
país	mar	ilha

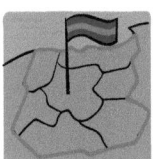 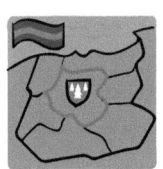

natie	staat
nação	estado

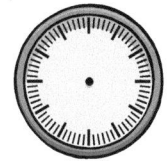

wijzerplaat

mostrador do relógio

uurwijzer

ponteiro das horas

minuutwijzer

ponteiro dos minutos

secondewijzer

ponteiro dos segundos

Hoe laat is het?

Que horas são?

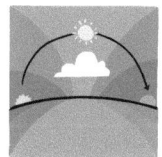

dag

dia

tijd

tempo

nu

agora

digitale horloge

relógio digital

minuut

minuto

uur

hora

week

semana

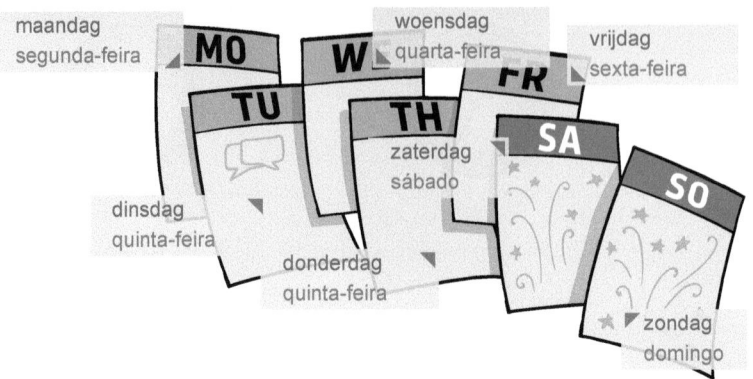

maandag / segunda-feira — MO
woensdag / quarta-feira — W
vrijdag / sexta-feira — FR
TU
TH
zaterdag / sábado — SA
SO
dinsdag / quinta-feira
donderdag / quinta-feira
zondag / domingo

gisteren

ontem

vandaag

hoje

morgen

amanhã

ochtend

manhã

middag

meio-dia

avond

entardecer

werkdagen

dias úteis

weekend

fim de semana

jaar

ano

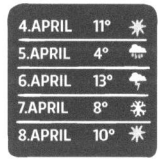

regen
chuva
regenboog
arco-íris
sneeuw
neve
wind
vento
lente
primavera
herfst
outono
zomer
verão
winter
inverno

4.APRIL 11°
5.APRIL 4°
6.APRIL 13°
7.APRIL 8°
8.APRIL 10°

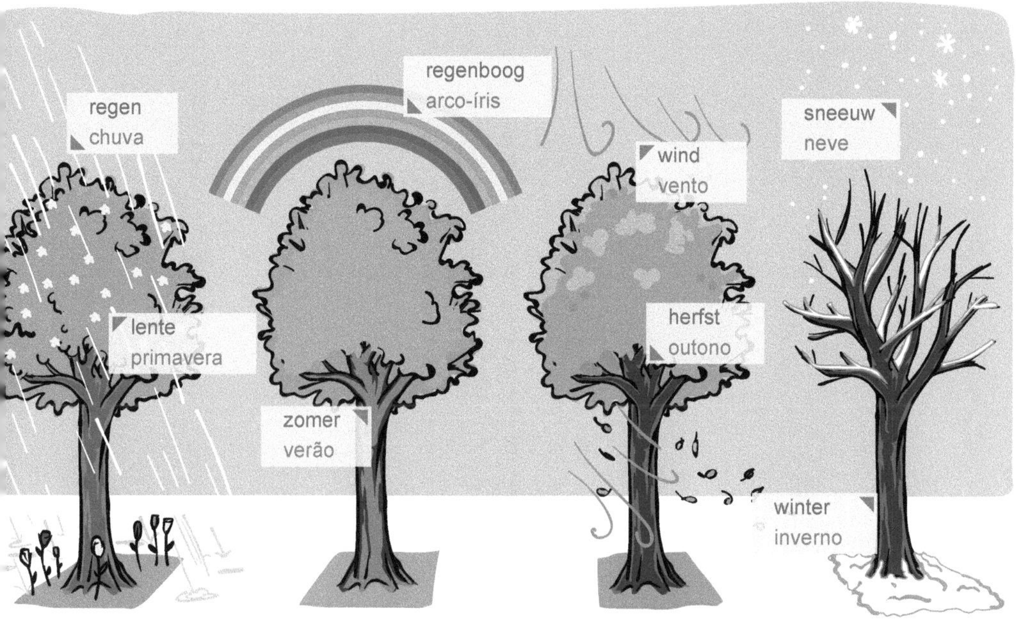

weervoorspelling

previsão do tempo

F
C
120
90
60
30
0
-30
40
30
20
10
0
-10
-20

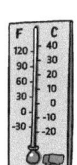

thermometer

termómetro

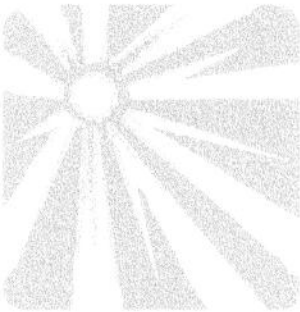

zonneschijn

raios de sol

wolk

nuvem

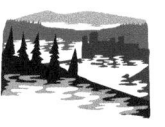

mist

neblina / nevoeiro

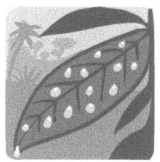

vochtigheid

humidade do ar

bliksem

relâmpago

donder

trovão

storm

tempestade

hagel

granizo

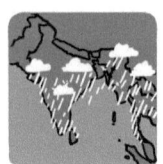

moesson

monção

overstroming

inundação

ijs

gelo

januari

janeiro

februari

fevereiro

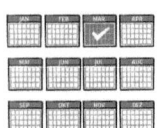

maart

março

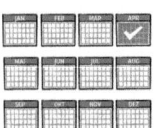

april

abril

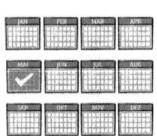

mei

maio

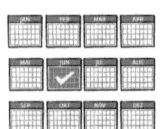

juni

junho

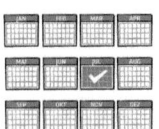

juli

julho

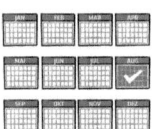

augustus

agosto

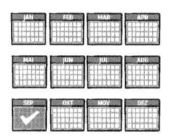

september
setembro

oktober
outubro

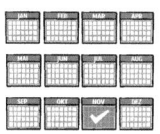

november
novembro

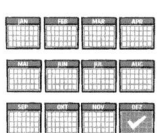

december
dezembro

vormen
formas

cirkel
círculo

kwadraat
quadrado

rechthoek
retângulo

driehoek
triângulo

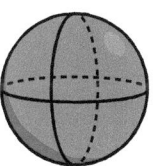

bol
esfera

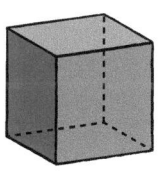

kubus
cubo

wit
branco

geel
amarelo

oranje
laranja

roze
rosa

rood
vermelho

paars
lilás

blauw
azul

groen
verde

bruin
castanho

grijs
cinzento

zwart
preto

veel / weinig
muito / pouco

boos / kalm
furioso / calmo

mooi / lelijk
lindo / feio

begin / einde
princípio / fim

groot / klein
grande / pequeno

licht / donker
claro / escuro

broer / zus
irmão / irmã

proper / vuil
limpo / sujo

volledig / onvolledig
completo / incompleto

dag / nacht
dia / noite

dood / levend
morto / vivo

breed / smal
largo / estreito

eetbaar / oneetbaar

comestível / não comestível

kwaadaardig / vriendelijk

mau / gentil

opgewonden / verveeld

entusiasmado / entediado

dik / dun

gordo / magro

eerst / laatst

primeiro / último

vriend / vijand

amigo / inimigo

vol / leeg

cheio / vazio

hard / zacht

duro / macio

zwaar / licht

pesado / leve

honger / dorst

fome / sede

ziek / gezond

doente / saudável

illegaal / legaal

ilegal / legal

intelligent / dom

inteligente / burro

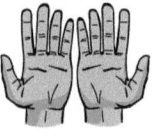

links / rechts

esquerda / direita

dichtbij / veraf

perto / longe

nieuw / gebruikt

novo / usado

niets / iets

nada / algo

oud / jong

velho / jovem

aan / uit

ligado / desligado

open / dicht

aberto / fechado

stil / luid

baixo / alto

rijk / arm

rico / pobre

juist / fout

certo / errado

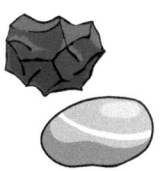

ruw / glad

áspero / liso

droevig / blij

triste / feliz

kort / lang

curto / longo

traag / snel

lento / rápido

nat / droog

molhado / seco

warm / koud

ameno / fresco

oorlog / vrede

guerra / paz

cijfers
números

0

nul
zero

1

één
um

2

twee
dois

3

drie
três

4

vier
quatro

5

vijf
cinco

6

zes
seis

7

zeven
sete

8

acht
oito

9

negen
nove

10

tien
dez

11

elf
onze

12

twaalf

doze

13

dertien

treze

14

veertien

catorze

15

vijftien

quinze

16

zestien

dezasseis

17

zeventien

dezassete

18

achtien

dezoito

19

negentien

dezanove

20

twintig

vinte

100

honderd

cem

1.000

duizend

mil

1.000.000

miljoen

milhão

Talen
idiomas

Engels

inglês

Amerikaans Engels

inglês americano

Chinees (Mandarijn)

chinês mandarim

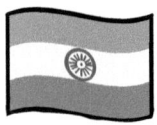

Hindi

hindi

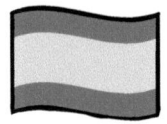

Spaans

espanhol

Frans

francês

Arabisch

árabe

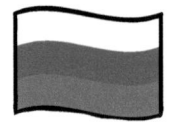

Russisch

russo

Portugees

português

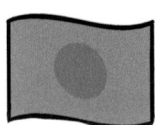

Bengali

bengalês

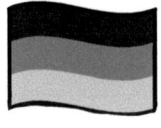

Duits

alemão

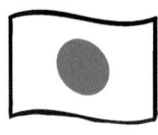

Japans

japonês

ik	u	hij / zij / het
eu	tu	ele / ela

wij	u	ze
nós	vós	eles / elas

wie?	wat?	hoe?
quem?	o quê?	como?

waar?	wanneer?	naam
onde?	quando?	nome

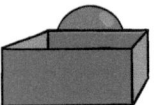

achter
....
atrás

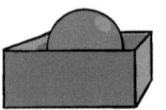

in
....
em

voor
....
à frente de

boven
....
sobre

op
....
em cima

onder
....
debaixo

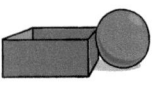

naast
....
ao lado

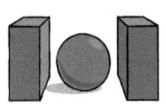

tussen
....
entre

plaats
....
lugar